AF232754

MÉMOIRE

ADRESSÉ

A M. LE MINISTRE DE LA MARINE ET DES COLONIES

PAR

LES NÉGOCIANTS, MARCHANDS DÉTAILLANTS, ET HABITANTS INDIGÈNES

De St.-Louis (Sénégal),

EN RÉPONSE A UNE PÉTITION

DE QUELQUES NÉGOCIANTS ET CAPITAINES DE NAVIRE DE LA PLACE DE MARSEILLE.

BORDEAUX,

CHEZ HENRY FAYE, IMPRIMEUR EN LETTRES ET EN LITHOGRAPHIE,

rue du Cabernan, 44.

—

1842.

A MONSIEUR

LE MINISTRE DE LA MARINE ET DES COLONIES.

Monsieur le Ministre,

Une pétition de quelques négociants et capitaines de Marseille a été adressée à la Chambre des députés pour réclamer et protester contre la Société pour la traite de la gomme, que M. le Gouverneur du Sénégal vient de constituer dans cette colonie.

Cette pétition remplie de faits inexacts révèle de la part de ses auteurs une ignorance complète des besoins et des ressources de la colonie. Elle attaque des chefs investis de la confiance du Roi, et dont l'administration prudente et ferme a acquis des droits incontestables à la reconnaissance du pays. Elle calomnie nos commerçants les plus honorables, et leur prête gratuitement des vues étroites et égoïstes que démentent les faits.

La colonie doit répondre à ces fausses imputations; elle doit repousser de faux amis qui, sous le masque de ses défenseurs, attaquent ses intérêts les plus chers, et s'efforcent de détruire une mesure qu'elle a sollicitée et qu'elle défendra de tout son pouvoir, car c'est de là qu'elle attend le retour de sa prospérité perdue.

Depuis plusieurs années, notre malheureuse colonie s'en allait dépérissant, son commerce unique, celui de la traite, ne donnait plus que des pertes, et chaque jour les habitants indigènes voyaient s'accroître leurs dettes et leurs misères. Les trois dernières campagnes surtout avaient été si mauvaises, qu'à peine deux ou trois indigènes, parmi ceux qui font leur métier de la traite, avaient pu conserver intactes des propriétés acquises dans des temps meilleurs, et se maintenir debout au milieu de la grande ruine ; tout le reste, toute la masse des traitants était grevée de dettes énormes ; chaque jour quelque créancier fatigué d'une trop longue attente avait recours aux jugements, aux expropriations forcées, aux emprisonnements. Encore quelque temps et la propriété foncière, vendue à vil prix, allait toute changer de mains, et les malheureux possesseurs dont souvent elle ne suffisait pas à payer les dettes n'avaient pour perspective qu'une misère d'autant plus affreuse que l'avenir était pour eux sans espoir.

De la ruine de la population indigène résultait nécessairement la ruine du commerce. Toutes les maisons du Sénégal, plusieurs maisons de France se trouvaient compromises dans cette grande dette qui restait impayée, et leur commerce était perdu ; l'hésitation, la défiance, qui régnaient dans tou tes les affaires, les rendaient insoutenables. La population indigène n'ayant rien ne consommait plus ; les tissus, les vins, les liqueurs, toutes les marchandises de consommation locale que nous envoie surtout Marseille, ne trouvaient pas le débouché que leur a donné une prospérité toujours croissante.

Les marchands détaillants restaient inactifs dans leurs boutiques, et ne pouvaient, eux non plus, satisfaire leurs engagements envers leurs créanciers.

Ce tableau est effrayant mais exact ; et, pour le compléter par des chiffres, nous prierons Votre Excellence de porter son attention sur les états de douane de notre colonie. Le chiffre des exportations, qui avait dépassé celui d'importation en 1837 et 1838, a donné dans les trois dernières années un énorme déficit de près de cinq millions.

Le mal était immense, l'autorité ne pouvait pas en rester spectatrice impassible. Elle prêta l'oreille aux plaintes qui lui arrivaient de toutes parts, elle s'occupa d'en chercher la source et d'y porter remède.

La première cause du mal c'était la surabondance de guinée et de toutes marchandises de traite que la métropole versait sur nous par torrents. A cela il n'y avait rien à faire; on ne pouvait pas retenir les mains aux expéditeurs et gêner la liberté du commerce.

Une seconde cause plus immédiate, et qui découlait de la première, c'était le bas prix auquel on vendait aux Maures en rivière, ce prix baissait tellement dans les années où les échanges de la rivière étaient entièrement livrés à la concurrence, que les Maures obtenaient la guinée au même prix que nous l'achetions en France. C'était là qu'était le siége du mal, c'était de là que découlait la ruine du pays.

Cette vérité, de tout temps reconnue, avait souvent donné lieu à des compromis dont le but était de fixer les prix d'échange en rivière. Mais ces demi-mesures mal exécutées n'avaient jamais produit aucun bien, il fallait un remède plus efficace.

C'est dans ces circonstances que le gouverneur du Sénégal, après avoir consulté toutes les lumières du pays, après avoir bien considéré ces ressources et la nature de son commerce, a institué la Société pour la traite de la gomme. Cette Société a pour unique objet la traite proprement dite de la gomme, c'est-à-dire les échanges que l'on fait avec les Maures aux escales du fleuve; les actions sont réparties entre tous ceux qui avaient un intérêt direct à la traite, et pour donner au commerce toute garantie d'égalité et de liberté, l'achat de toutes les marchandises comme aussi la vente de toute la gomme se fait publiquement, en concurrence, et avec libre admission de tous. Toute affaire particulière ou de gré à gré est interdite à la Société.

Grâce à ces bases larges et libérales, l'institution de cette Société ne fait que régulariser les opérations de la rivière, qu'en régler le mode, et laisse parfaitement libre le commerce, surtout celui de la métropole qui peut, comme par le passé, écouler ses marchandises, et les vendeurs ont l'avantage d'avoir affaire à un acheteur solvable, au lieu de disséminer leur valeur entre un grand nombre de mauvais débiteurs.

Il est fâcheux que les auteurs de la pétition de Marseille se soient hâtés de bâtir des réclamations sur les rapports inexacts d'un correspondant mal instruit. S'ils avaient connu les vraies bases de la Société instituée dans notre colonie, ils n'auraient pas imaginé qu'on avait voulu sacrifier le commerce de la métropole au profit de quelques habitants du Sénégal, ils se seraient épargné le tort de porter contre eux et contre l'autorité qui nous gouverne, les imputations fausses et calomnieuses qu'ils ont répandues comme à plaisir dans leur pétition. Il est probable même qu'ils auraient eu le bon sens de ne pas pétitionner du tout, car, une fois la vérité connue, tout leur travail s'écroule, tous leurs arguments s'évanouissent, comme nous allons le faire voir en examinant leur pétition article par article.

Nous ne répondons pas au reproche d'illégalité qu'ils adressent à la mesure. M. le Gouverneur du Sénégal n'a pas besoin de nous pour justifier ses actes, et nous savons qu'il n'a fait que ce qu'il avait parfaitement le droit de faire.

Nous n'avons rien à dire non plus de toute la partie de leur argumentation qui repose sur l'ignorance où ces messieurs étaient des faits, et qui parle d'une société imaginaire dont le projet n'a point reçu la sanction du gouvernement.

Mais nous devons repousser de toute notre énergie les calomnies que l'on répand sur l'administration et les habitants du Sénégal. Non, il n'est pas vrai que M. le Gouverneur du Sénégal ait été circonvenu et se soit laissé aveugler par les conseils de l'intérêt privé ; non, il n'est pas vrai que des intrigues ont été ourdies autour de lui ; il n'est pas vrai qu'il y ait des employés de l'administration intéressés dans la Société ; il n'est pas vrai enfin qu'il ait été fait à qui que ce soit des promesses de places quelconques, et nous défions les pétitionnaires de citer un seul fait exact sous ces rapports.

Si le gouverneur a reçu des réclamations et des plaintes, elles lui sont venues de tous les côtés, des grands et des petits, de la masse de la population commerçante, et c'est après avoir parfaitement examiné par lui-même la crise commerciale qui pesait sur la colonie, et senti la position malheureuse de ses habitants, qu'il s'est décidé à agir, à mettre en œuvre le seul moyen qui pût y ramener la prospérité qu'elle avait perdue.

Le gouverneur du Sénégal qui a institué la Société, et le commissaire de marine qui en a le premier présenté le projet, et qui veille maintenant à son exécution, connaissent trop bien leur devoir de gouvernants ; ils sont d'ailleurs doués de trop hautes capacités pour se laisser aveugler et surprendre par des menées coupables ; ils ont dû écouter les plaintes de toute une population ; ils seraient sourds à la voix de l'intrigue et de la fausseté.

C'est, poussés du même besoin de médire, que les pétitionnaires marseillais, dénaturant entièrement le but de la Société, veulent absolument n'y voir que l'intérêt de quelques-uns au détriment de tous. Ainsi, dans la guérison de la plaie la plus saignante, dans l'extinction des dettes qui résultera de la Société si elle dure, ils feignent de ne voir que l'avantage de quelques créanciers. Eh ! n'est-ce pas pour le débiteur d'abord, pour le débiteur réduit à la misère, qu'il est avantageux de payer ses dettes et de reprendre la position d'homme indépendant que de mauvaises affaires lui avaient fait perdre ? Non, ces messieurs ne veulent pas s'apercevoir de cela, il aurait fallu reconnaître que c'était là le bien de la masse, et leur but était manqué ; ils ont prétendu qu'il n'y avait intérêt que pour quelques négociants, et pour les rendre encore plus criminels ils les ont faits, toujours avec la même force d'imagination, actionnaires influents, directeurs avantageusement placés pour traiter avec la compagnie.

Comme toutes les calomnies gratuites tombent devant la vérité!

Le directeur et le conseil d'administration de la Société ont été élus par l'assemblée générale des actionnaires; leurs fonctions sont gratuites; ils s'acquittent de leur mandat avec zèle et dévouement, et nous qui les avons nommés nous avons en eux la plus grande confiance. Ils ne sont pas actionnaires plus influents que d'autres, et ce ne sont pas eux qui ont contribué à la création de la Société. Mais fussent-ils tout ce qu'on les suppose, nous ne comprenons pas à quoi leur position pourrait leur servir, toutes les opérations de la Société se font au grand jour, en présence de tous, sous les yeux d'un commissaire du Roi chargé de veiller à l'exécution des statuts; nul vendeur n'est privilégié que par le bas prix de sa marchandise.

Il n'y a donc ni confiscation de commerce au profit d'une société faite pour quelques-uns, ni exclusion de qui que ce soit. Et ceux des pétitionnaires qui font des affaires avec le Sénégal sont aussi favorisés que personne, s'ils ont maison à Saint-Louis; ils sont actionnaires, et dans tous les cas ils peuvent vendre leur marchandise à l'égal de tout le monde. S'il y a préjudice pour quelqu'un c'est pour les négociants de l'île. En effet, les négociants anciens de Saint-Louis avaient tous une clientèle de traitants laborieusement acquise, et qui, à moins d'une différence de prix sensible, se fournissent chez eux plutôt qu'ailleurs. Eh bien, avec les achats au rabais de la Société, les clientèles sont perdues, et la maison la mieux munie de traitants n'est pas plus avantageusement placée aujourd'hui que le premier nouveau venu, qu'un expéditeur quelconque de la métropole.

On n'enlève donc rien au commerce, il reste entièrement libre comme par le passé, plus libre peut-être. Et c'est étrangement abuser des mots que de venir dire que les détenteurs de guinée n'ayant plus qu'un seul acheteur seront livrés à la merci de la Société. Que répondrait-on si nous disions que c'est la Société qui sera à la merci des vendeurs? ce serait beaucoup plus exactement vrai, car, après tout, le détenteur de guinée n'est pas forcé de vendre, il n'a pas pour unique débouché la traite de la gomme, mais la Société est forcée d'acheter, quelque prix qu'on lui fasse il faut qu'elle achète, elle n'a, elle, qu'un marché, qu'une manière d'acheter, et qu'un débouché.

Ainsi, que les détenteurs de guinée se rassurent, il n'y aura point de coupe-gorge ni de guet-apens. Seulement, quand la marchandise sera trop abondante, quand la concurrence sera trop vive, on vendra bon marché, c'est là le résultat naturel d'un amas de marchandise disproportionné avec les besoins. Mais l'écoulement sera plus grand dans ce cas, parce que la société baissera ses prix de vente proportionnellement à ses prix d'achat. Et au lieu que ce soient les Maures qui profitent du bas prix auquel pourront se donner les guinées, ce seront des sujets français, ou plutôt la colonie du Sénégal qui reversera ses bénéfices dans le commerce, et en fera aussi profiter la métropole.

Il n'y a donc monopole que vis-à-vis des Maures, et ce monopole est pour la colonie d'un avantage énorme et évident; il donne les moyens d'obtenir de ces peuples la même quantité de produits pour une bien moins grande quantité de marchandise. En effet, les Maures n'ont à nous donner que leur gomme : cette gomme, ils ne la cultivent pas, et leur travail ou leur richesse ne peut dans aucun cas augmenter la récolte de ce produit, dont la plus ou moins grande abondance tient uniquement à des circonstances atmosphériques que nul ne peut ni prévoir ni modifier; la nature leur donne donc la gomme d'elle-même, ils la recueillent telle qu'ils la trouvent toute venue, et nous la portent. Ils nous la donnent toujours toute, et ne peuvent la donner à d'autres.

Si les signataires de la pétition avaient habité quelque temps le Sénégal, ils n'auraient pas tardé à se convaincre. Ils le sont peut-être déjà au fond du cœur, que les Anglais ne peuvent enlever au Sénégal le commerce de la gomme; les tentations qu'ils en ont faites plusieurs fois en vain en sont la meilleure preuve. Des impossibilités physiques s'y opposent. Quand les Maures se sont décidés à braver les dangers du désert pour porter quelques gommes à Portendick, ce n'a été que dans un temps où, en guerre avec les Maures Trarzas, le gouvernement du Sénégal avait intercepté toute communication avec eux, et alors même les quantités traitées n'ont pas été assez importantes pour inspirer des craintes au commerce français ; et dès que la paix fut revenue, la traite a pu avoir lieu dans la rivière ; les Anglais ont entièrement cessé des expéditions que les difficultés de leur escale et les énormes cadeaux qu'ils étaient obligés de faire aux rois maures leur rendaient désastreuses.

Pour Gambie, nous ne pensons pas que les pétitionnaires aient voulu dire que les Anglais y aient jamais acheté de la gomme des Maures, ce serait une erreur par trop forte, et que les moindres notions de géographie locale détruiraient facilement. Les forêts de gommiers sont toutes situées sur la rive droite du fleuve. Pour aller à Gambie, les Maures auraient à traverser d'abord le fleuve qui est à nous, et au delà des pays immenses coupés de montagnes et de forêts, et peuplés de nègres belliqueux et naturellement leurs ennemis. Les Maures n'ont jamais eu la tentation d'entreprendre ce voyage chargés de gommes. Il est très-vrai cependant qu'une certaine quantité de gomme a été expédiée du comptoir anglais de Sainte-Marie, mais elle y avait été transportée par nos navires, et vendue par nous.

Mais que l'on aplanisse aux Maures la route du désert, qu'on leur rende faciles des communications impossibles, croit-on que la Société sera jamais assez mal dirigée pour imposer aux Maures des prix qui les chasseraient de chez nous? ne serait-ce pas contraire à ses premiers intérêts? mais encore le fît-elle, fût-elle dirigée par des enfants et des fous, l'autorité n'est-elle pas là pour veiller? n'est-ce pas à M. le Gouverneur qu'est réservé de fixer chaque année le *maximum* du prix d'échange en rivière? Que nos adversaires cessent donc d'exposer des craintes chimériques qu'ils n'ont pas eux-mêmes s'ils connaissent le pays, et qu'ils n'auraient pas dû concevoir à la légère s'ils ne le connaissent pas.

Comment qualifier la manière dont ils racontent le meurtre commis sur un nègre français? quelle correspondance menteuse a pu leur dire que la cause de cet événement malheureux était l'exaspération que leur aurait causée la nouvelle d'une société? cela est assez bien arrangé pour trouver un argument contre la Société, malheureusement encore ici la vérité vient tourner leur arme contre eux-mêmes : à l'époque où le meurtre a été commis, le projet d'une société n'était pas même connu à Saint-Louis, et la question de traite n'était absolument pour rien dans la cause de ce crime. Une excellente preuve c'est l'éclatante réparation qu'a obtenue M. le Gouverneur, ayant simplement signifié au roi maure que la traite ne commencerait pas avant que le meurtrier fût puni; aussitôt les Maures dociles ont conduit le coupable à notre escale et l'ont eux-mêmes fusillé, et immédiatement la traite a commencé sans trouble et sans entraves.

Maintenant que nous avons réfuté les allégations inexactes dont fourmille la pétition de quelques négociants de Marseille, il nous reste à montrer que la mesure que nous défendons, tout en sauvant notre colonie d'une ruine complète, n'est pas contraire aux intérêts de celle de Pondichéry.

La constitution elle-même de la Société, l'intérêt qu'ont à un grand écoulement la majeure partie des actionnaires, la surveillance immédiate qu'exerce l'autorité, sont des garanties suffisantes que les prix de la guinée ne seront jamais élevés en rivière au-dessus d'un taux raisonnable, et que la Société écoulera chaque année autant de marchandises que le permettra la récolte de la gomme. Pondichéry ne peut pas demander davantage, l'extension excessive qu'avaient prise depuis quelques années les envois de guinée au Sénégal n'était pas un débouché réel, et se traduisait pour chaque habitant de cette colonie en pertes énormes. Cet état de choses ne pouvait durer, et la même réaction se serait produite d'elle-même, mais à travers d'une ruine immense pour le Sénégal. Pondichéry aurait toujours été forcée d'en venir à produire moins ; car les intérêts de ces deux colonies sont si intimement liés que les désastres de l'une ne peuvent manquer de réagir sur l'autre. Ainsi la Société pour la traite de la gomme, telle qu'elle a été établie par M. le Gouverneur du Sénégal, laisse parfaitement libres nos relations commerciales avec la métropole; elle ne les gêne en rien, et ne leur porte aucun préjudice; et loin qu'elle puisse avoir un fâcheux résultat pour la prospérité de la colonie, elle est le seul moyen d'empêcher une ruine certaine et des désastres incalculables.

Nous ne terminerons pas sans faire une observation au sujet des 83 noms inscrits au-dessous de la pétition de Marseille, c'est qu'on n'y trouve point ceux des négociants qui ont résidé dans notre colonie, ou qui y font depuis longues années des affaires importantes; mais beaucoup de noms de capitaines de navires, plus occupés, pendant les courts séjours qu'ils font au Sénégal, à vendre leurs pacotilles qu'à étudier les besoins du pays; un assemblage de noms parfaitement inconnus, relevés par ceux de quelques grandes maisons faisant le commerce de l'Inde, et à qui on a sans doute fait croire que leur commerce de guinée était en danger.

D'après ces considérations, M. le Ministre, nous espérons que Votre Excellence voudra bien obtenir la sanction royale à la mesure adoptée par M. le Gouverneur, et qui seule peut relever la colonie de la crise fatale sous laquelle elle se débat en vain.

> *Les membres désignés par les actionnaires dans la séance du 31 mai dernier,*

> ALLARD, A. BEYNIS, PURREY, TAILHARDAT, HÉRICÉ.

A St.-Louis (Sénégal), le 18 juin 1842.

Adopté à l'unanimité par les actionnaires en assemblée générale, le 15 courant.

> *Les directeurs et membres du conseil d'administration de la Société,*

> LOMBARD, H. PROM, SARRAZIN, BOURRILHON, SLEIGTH, A. LEAUTIER, PORQUÉT, G. PELLEN, ET DESCEMET.